Ottmar Meschenmoser,

geboren 1942 in Ulm/Do. War techn. Beamter bei der Deutschen Bundesbahn. Lange Jahre aktiver Musiker und für fast zehn Jahre Dirigent in verschiedenen Blasorchestern. Nachdem erste Schreibversuche während der Schulzeit den musikalischen Ambitionen den Vortritt lassen mussten, entdeckte er um 2000 doch noch seine bis dahin zurückgestellte Liebe zur Lyrik wieder.

Er ist Mitglied der literarischen Vereinigung "Signatur" in Tettnang. 2010/2011absolvierte er das Fernstudium "lyrisches Schreiben" bei der Bibliothek deutschsprachiger Gedichte. Veröffentlichungen in verschiedenen Anthologien und Zeitschriften.

2011 Gedichtband „Die Tage neigen sich" bei Gedichte-Bibliothek

2015 Gedichtband "Einfach nur leben" ISBN 978-3-7347-9795-8 bei Books on Demand. Mehrfacher Preisträger beim Gedichtwettbewerb der Bibliothek deutschsprachiger Gedichte.

Ottmar Meschenmoser

Es ischt em Schwôb sei Privileg

sei Privileg

Schwäbische Impressionen

Bibliografische Information der Deutschen Nationalbibliothek:
Die Deutsche Nationalbibliothek verzeichnet diese Publikation in der Deut-
schen Nationalbibliografie; detaillierte bibliografische Daten sind im Internet
über http://dnb.dnb.de abrufbar.

Herstellung und Verlag: BoD – Books on Demand, Norderstedt

ISBN: 978-3- 752828405

Inhaltsverzeichnis

An neua Friahlingsduft

Es grünt ond blüat an alle Ecka.

I muaß etzt naus, ka zôm verrecka

Heit nemme en da Schtuba hocka.

I ziag mi a, mach mi uff d´ Socka,

Dass i em Sonnaschei ganz nah

Und an der frischa Luft sai ka´.

Wo glei mei Nôchber, s´ischt zôm Lacha,

Mit g´fühlte fünfazwanzig Sacha

Em Garta mit em Rasamäher

Scho morgens rômrennt, so als säh er

S´Gras, des grad rausschpitzt knöchelhoch.

Und dia daneaba machets nôch.

D´r Hauswart, des ischt nemme heiter,

Macht mit em Bläser grad so weiter.

´S ischt ôi Geratter ônd Gebrumm.

Ônd über´s ganz Viertel num

Hangt etz Benzing´schtank in dr Luft,

Als sei´s kredenzta Friahlingsduft

Friahling uff em Land

D´r Winter hôt sei Bündel gnomma
Ond d´Fasnet ischt au grad vorbei.
Ganz hälinga isch´s Friahjôhr komma
Und d´ Welt, die sieht etzt aus wia nei.

Dr Schnee isch weg, 's isch nemme gfrora
Und uff de Wiesa schpitzt scho 's Gras.
Ma fühlt sich glei wia nei gebora.
Ma hôt etzt Power ond gitt Gas.

Wenn d´ Schlepper rattret, des macht Schpaß.
Ma überschlait sich fascht vor Fleiß.
Ma hängt an Traktor s´ Lachafass
Und fahrt aufs Feld da ganza Scheiß.

Ônd d´ Baim, die schpritzt ma zum Verrecka
Mit Gift, verdünnt, au manchmôl pur,
Trotz Bienaschterba, tote Schnecka.
Ma will jô Äpfel, koi Natur.

Dia druckt grad raus mit aller Kraft.
In alle Gärta sieht mer s´ schprieaßa.
Dô wird etzt g´häcklet, dô wird g´schafft
Ônd Bäu´re fangt scho a zôm gieaßa

Da Schnittlauch und da Brunnakresse.
Sia setzt Kohlräbla ond Salôt
Erhofft vom Himmel bald a Nässe,
Weils länger nemme reagnet hôt.

Dia Zeit verrinnt und scho wird´s Sommer.
Es wachsed d´Äpfel ônd au s´ Kraut.
S´gôht nemme lang, denn gitt´s, denn hômmer,
Was mer em Friahling a´vertraut.

D´ Schnôkaplôg

Kaum ischt d´r Friahling dô im Land

Dô flieget se, s´íscht allerhand.

S´ gôht wieder los mit deam Gesumm

Am Ôbend dir ôm d´ Nasa rum.

Wia i dia kloine Bieschter hass´

Ond glei au oin Gedanka fass´.

I könnt´ se mit ra Falla fanga,

Denn d´Fliaga bleibet au dra hanga.

Drum häng i so an Fänger uff

Und wart´ a Ewigkeit denn druff,

Dass oine sich dô na verirrt

Und nemme ôm mei Schädel schwirrt.

Dô hônd se mi wohl schee verratzt.

Mei Trick, den hôt itt oine g´kratzt.

Dia schwirret luschtig dra vorbei,

Weil der scheint´s bloß für d´ Fliaga sei.

I fahr zum Baumarkt in der Not

Und kauf a Gitter ganz aus Drôht.

I bau des in mei Fenschter ei

Ônd denk´ se kommet nemme rei.

Au des ischt glatt derneaba ganga.

Es gitt nix, um dia Bieschter z´fanga.

Dô hilft koi G´walt ond au koi Lischt.

Mir leidet se. Bis Winter ischt.

Ieber eis Schwôba und Anderleit

Seit Urzeit glaubet echte Schwôba
Ganz anderscht als im Norda droba,
Wo alle hochdeitsch reden dent,
Liegt´s Schwôbaland am bessra End.

Gugg nauf ens Vaterland der Preißa
Dia send für ons koi hoißes Eisa.
Dia schwätzed schnell ond au reacht viel
A Zuigs, des neamad wissa will.

Im Rheinland ischt bei alle Leit,
D´r Wei, d´r Frohsinn schtets präsent.
D´r Schwob hôt dô d´rfür koi Zeit,
Weil ausser Schaffa der nix kennt.

Ond zua ra Pfälzer Leaberwurscht
En Pfälzer Woi, der löscht da Durscht.
Doch machet mer itt viel Trara
An d´ Trollinger kommt koiner na.

Zur Wôhret g´hert au, lieabe Leit
So beilaifig eich oimôl gsait,
Mir Schwôba send itt pflegeleicht,
Was andre ziemlich logisch deicht.

D´r Schwôb ischt maulfaul, redeträg.
Er schwätzt koi Wort oft ganze Täg,
Dô ischt au d´Freindlichkeit vorbei.
Des ischt em aber oinerlei.

Gitt´s oin, der nemme weiter woiß,
Denkt sich d´r Schwob dô gitt´s bloß ois:
"Wenn der itt woiß wo na so schpät.
I sächt´s em, wenn der frôga dät."

Wer jedes Jôhr sein Daimler b´schtellt
Und jômmret bloß er häb koi Geld
Des ischt an Schwôb im Orginal
Vom Oberland und erschte Wahl.

Und allweil ischt zur Urlaubszeit
D´r See und´s Allgai voller Leit.
Vo ieberall her send se dô.
Ma hôt koi Ruah meh, s´ ischt halt so.

Au wenn da Schwôb an Bruddler ischt
Sich uffregt weaga jedem Mischt
Ischt er au manchmôl frisch und froh
Am Feierôbend sowieso.

Alloi oder mit Andre

Alloi dô ka mer grübla, denka.

Ma braucht koim Andra Obacht schenka.

Ma hockt bloß dô ônd hôt sei Ruah

Ond muaß nix Schaffa no dazua.

Dir ka koi Mensch d´r Tag versalza.

Mer hört de Vögel zua beim Balza.

Ma fühlt sich plötzlich frisch ond frei.

Oin Dag, der oim zum Gönna sei.

Doch nôch zwoi Schtund scho schtellt sich Leere

Em Kopf ond en de Glieder ei.

Du schtellscht dir vor was ischt, was wäre.

Was ohne di em Ort wohl sei?

Beim Beck send se zôm Brezla hola,

D´r ganze Lada voller Leit.

I guck zôm Fenschter naus verstohla,

Denk, was verzehlet dia sich heit?

Au vor d´r Werkschtatt glei derneaba
Gôht´s zua wia em a Daubaschlag.
S´ gôht rôm ond nômm, a Lupfa, Heba,
Ma kennt scho s´ Neischeschte vom Dag.

Mi halt´s etzt nemme in d´r Wohnung
Allôi sei, denk i, des ischt Mischt.
S´ ischt doch dia allergröscht Belohnung,
Wenn ma ganz Leit bei Leit no ischt.

Vom Briafschreiba

En Brieaf hôt mer vo Hand früher g´schrieba
An d´ Freind, Verwandte oder d´ Kind.
Des ischt all´s uff da Schtrecke blieba,
Weil mir vom I-Phon g´fanga sind.

Mir hônd koi Luscht auf Kugelschreiber,
Auf Feadrahalter ond Papier.
Des ischt a Zuigs für alte Weiber.
Mensch, kommet mer itt all vo früher.

Mir hônt koi Zeit meh, dia ischt rar.
Ma schreibt a Whats App uff dia Schnelle.
Glei mit ma Smiley, ischt doch klar.
Ma reitet uff ra Online Welle,
Mobil ond prompt au lieferbar.

Doch wia´s d´r Zuafall manchmôl will
Hôt mir d´r Briafbot´oigahändig
An Briaf in d´ Hand druckt. Sonscht bloß Müll,
Den kriagt ma vo dr Poscht jô schtändig.

Der Briaf war mit d´r Hand no g´schrieba,
So wia ma´s g´macht seit taused Jahr.
Wo sei i denn dia ganz Zeit blieba?
Mei Schriftverkehr sei ziemlich rar,

Schreibt Tante Ursel, dia aus Schtuagert.
Sia häb me lang scho nemme g´sea.
So oft häb sia en Kaschta g´luaget.
An Brieaf vo mir sei nia drenn g´wea.

Etzt hôn i nôchdenkt ond mi b´sonna,
Was so an Briaf oim wirklich schenkt.
Ma hôt a Glücksg´fühl ond viel g´wonna,
Wenn oiner schreibend an di denkt.

Dui dô im Tortaglück

Dui gôht wenn´s irgend möglich sei
Ins Cafe´ numm so um de drei.
Sollt sia´s itt schaffa dät se leida,
´S tät sicher tieaf ins Herz nei schneida.

Es gitt nix schönres als a Torta,
Womöglich von d´r Sahnesorta.
Und wird se huldvoll denn serviert
Und reichlich Sahne drieber gschmiert,

Sieht ma grad wia se fascht verschmachtet.
Auf d´Linie wird mit Fleiß itt achtet.
Zur sella sait se, zwoimol täglich
Da Trimmpfad laufa wär womöglich

Ganz guat für sia, au Dauerlauf.
Sia rennt doch Treppa na und nauf
X-mol am Tag, moint sia no gschwend.
Wer so wia sia im Haus rom rennt,

Der kennt vom Schwimmring meh verliera.
Ma dürft´s au an d´r Atmung schpüra.
Sia wär´ zum Schport jô gern bereit,
Doch dôfür bleibt ra gar koi Zeit.

Scho d´r Frisör nimmt glei am Morga
Zwoi volle Schtunda in Beschlag
Und für da Haushalt mueß sia bsorga,
Was mer so braucht für jeda Tag.

Und so verrinnet Schtund um Schtunda
Und glei no isch es wieder drei.
Scho sitzt ma bei d´r Erdbeertorta
Mit reacht viel Sahne. Des mueß sei.

Dui do ond die sell

Dui gôht am Morga bloß ganz schnell

Zum tratscha numm an´d Halteschtell.

Dô trifft, wia kennt des anderscht sei,

Die sell sia, dia vo Schmalegg rei

Da Bus nimmt, denn zum Morgatratscha

Isch´s z´weit, um z´Fuaß in d´Schtadt nei latscha.

Hôscht g´hört, sait dui, scho geschtern morga

Ischt der Nôchber Moritz g´schtorba.

Wer wird denn bloß sei Sach etzt erba?

Dia sell, dia kennt sich aus im Schterba.

Sei Putzfrau, denk i, war ihm nôh.

Sonscht isch jô koi Verwandtschaft dô.

Am Samstig uff em Markt isch gwea.

Was glaubscht denn, wen i dô hôn gsea?

Sait dui. I schtand am Epfelstand

Und mit ma Schwarza Hand in Hand

Schtôht d´Gerda Frei. Was saischt au bloß?

Gitt des deim Herz itt au an Schtoß?

Druff sait dia sell: I hôn grad eaba

Uff meira Bank beim Geld abheba

Kurz´s Emma gsea, dia duat so nett,

Wia wenn se sorglos leaba dät.

Derweil isch dia am Zehnta blank.

D´Meis heilet scho im Kucheschrank.

Schpitz in der Schproch, und schnell entronna

Ischt manch a Wort, des dir enteilt.

Sind G´schichta globig g´webt und g´schponna.

A Gschwätz halt, wia ma bei ons sait.

D´Faschtediät

Vom Fernsäh´ kennt ma se allôbed
Denkt, ohne Faschte ond Diät
Gôht´s au. Mit dene Mittel, dia se lobet
Sei´s koi Problem ond ging ganz g´schdät.

Doch dene gôht´s jô itt um´s Wohle,
Itt um da Kunda runda Bauch.
Dô gôht´s alloi um reichlich Kohle
Bei regelmäßigem Gebrauch.

Wia viel scho hôt ma unternomma,
Des kläglich alles g´scheitret ischt.
Doch ischt ma erscht zur Eisicht komma,
Dass ma au gern und oft z´viel frißt?

D´r Wampa wär ma scho gern los.
Ma will ihn au itt konserviera.
Doch oi Frôg bleibt. Wia mach i´s bloß,
Vom G´wicht was z´viel ischt zom verliera?

Dem kommt etzt d´Faschtazeit entgega
Und jedem Schwerg´wicht wird glei klar,
Sei Arsch halt sott´r meh bewega,
Au gitt´s koi Bier me an d´r Bar.

Zum Essa muaß etzt d´Hälfte roicha.
Ma isst koi Schnitzel me, koi Wurscht.
Au Speck ond Schpätzle wird ma schtreicha,
Bloß reichlich Wasser für da Durscht.

Mer sieht wia d´Pfund vom Schwimmring fallet
Ond fühlt sich luftig, leicht ond frei.
Da Gürtel wird glei enger schnallet,
Mer passt ins alt Häs wieder nei.

Ischt´s endlich Oschtra, gar koi Frôg,
Sieht mer sei Chrischtapflicht erfüllt.
Bald scho erinnret di dei Wôôg,
Dass oim da Ranza wieder g´schwillt.

Laschtminute
oder
Uff de letscht Minut na

S´ischt scho April ond höchschte Zeit,
Da Urlaub für da Sommer z´buacha.
Vielleicht käscht in Proschpekt no suacha
Wo fahrt ma na? It gar so weit?

Zum Reisebüro fascht verzweiflet
Rennt ma etzt los, verschpricht sich Rôt
Wo´s günschtig ischt und Rua ma hôt.
Koi Reaga vo dr Rinne träuflet,

Bloß Sonnaschei bis nei in d´Nacht.
Ond im Programm amol a Tour.
Ma frôgt bescheida, ob des nur
Mit Aufpreis gôht. Was des wohl macht?

Ma würgt beschtürzt, denn d´Urlaubskassa
Ischt it so g´füllt wia mer´s gern hett.
Ma traimt vom Süda ônd ma wett
Sich trotzdem gern verwöhna lassa.

Wia´s oim halt gôht manchmôl im Leaba.
Ma rechnet hi, ma rechnet her.
Dô hilft zum Schluss koi Beata mehr.
Ma sieht sei Traum vo danna schweba.

Und kommt denn hoim, ischt ganz bedrückt.
Dô wird Balkonien auf die Schnelle,
Als wär des bloß a Bagatelle,
Als Feriendomizil beschtückt.

Wen kennscht, dem wird ma Karta schreiba:
Vo Meersburg ging´s auf hohe See
Und nôh bei Bregenz nauf end´ Höh,
Zom uff em Pfänder d´Zeit z´vertreiba.

Zum Schluss, was brauchscht denn für Beweis´.
Ma sieht, als wär´s zum erschta Mal
Sich d´Hoimat a mit Berg ônd Tal
Und denkt danôch: S´ war môl was neis.

Der Minijobber

Ganz plötzlich stôht ma vor d´r Rente.
Ma rechnet´s Geld aus bloß ganz grob,
Ob´s roicht bis ganz zum Monetsende.
Ob ma au mit ma Minijob

Vielleicht itt gar so fürchtig schpara
Und itt so knausrig hausa mueß.
Ma will jô no in Urlaub fahra.
Bloß so hôt´s Leaba Hand und Fueß.

Ma gugget nei ins Wochablatt
Ond suacht vo vorna bis nôch hinta
Und rum und numm, ob´s no anstatt
Da Arsch aufreisse ond sich schinda,

Was g´schickts au für an Rentner gäb.
Dô hätt´s zum Beischpiel was zum Butza,
Wenn ma an Sinn für Ordnung häb.
Da Rasa mäha, Hecka stutza

Des kommt mir g´wies itt in da Sinn.
I will mi wirklich nemme blôga.
Du kascht mei Weib, mei Freind au frôga,
Weil i an b´sondra Rentner bin.

I dät gern mit ma Auto fahra
Vom Bodasee bis nôch Berlin.
Ma kennt sich so da Urlaub schpara
Und s´Leaba hett au wieder Sinn.

Doch frôgt ma di wia alt du bischt,
Sait ma du könnscht des nemme brenga.
Und klipp ond klar so wia´s halt ischt,
Gang doch zom Rentnerchor zom senga.

Mir Rentner

I gang zom Beck dô drieba nômm,

Hol mir a Schtückle Kuacha rôm.

Dazua trink i a Tass Kaffee.

Mei Gott, wia hônt´s mir Rentner schee.

Mer sait mir gänget alle schaffa.

Des ischt itt wôhr, dia Zeit ischt rum.

Was sollet mir no zehma raffa?

Für d´ Kend ond d´ Enkel? Des wär dumm.

Dia sollet selber für sich sorga,

So wia mir ´s au fuffz´g Jôhr lang g´macht.

Am fünfe aufstanda am Morga

Ond nôchher schaffa bis in d´ Nacht.

Mir ganget derweil schee schpaziera

Am Bach entlang in Wald ond Flur.

Mir hônt jô nix meh zôm verliera.

Bei ôns guckt koiner meh uff d´ Uhr.

Beim Schternawirt en Schoppa drinka,
A Ripple mit ma Kraut derzua.
Klammheimlich junge Mädla winka,
So tua, als wär ma no en Bua.

Des lôsst ons Rentner wieder blüha
Ond sei´s au bloß für oin Moment.
A Glücksg´fühl nôch so viele Müha,
Des onserois bloß selta kennt.

S´ Dagblatt

Z Ehgna ischt des dômôls g´wea
Wo manchmôl kloine Wunder g´schea.
Dô sait d´r Vadder zua seim Bua,
Schlupf doch schnell nei in deine Schua

Ond gang zom Dagblatt drieba nei,
Denn i brauch zua meim Frühstücksei
Mei Blättle. Des g´hört halt dazua,
Denn wissa ka mer gar itt gnua.

D´r Bua, so folgsam wia der ischt,
Ischt glei zom Dagblatt nieber zíscht.
Dô trifft er auf da Redakteur
Ond sait zua deam, i bitt eich sehr

S´nei Blättle will d´r Vadder hau
I zahl´s au glei und will schnell gau.
Denn wia´s beim Vadder üblich isch
Zom Frühstück dô g´hert uff da Tisch

Sei Zeitung, sonscht fangt scho d´r Dag
Mit Fruscht a, was der gar itt mag.
Wenn der itt woiß was g´loffa isch
Im Städtle, gôht der itt vom Tisch.

Dô sait zum Bua d´r Redakteur

I will dir saga, hör môl her

Richt aus deam Ma an scheana Gruaß.

Deam ghert mol g´sait, was g´sait sei muaß.

Des woiß doch jeder in d´r Stadt,

In jeder Gass, in jeder Strôß.

Mei Blättle ischt koi Blättle bloß,

Mei Blättle, sag eam´s, ischt a Blatt.

Vom Misstraua

Es isch em Schwôb sei Privileg,

Der traut fascht koinem übern Weg.

Verdächtigt jeden, s´ könnt jô sei,

D´r Oi, d´r Ander der bricht ei.

Will der vom Tisch sei Briafdasch hola

Dô isch se itt, wer hôt´ se g´schtola?

An d´r Gardrob sei ôinzga Huat

Hangt nemme dô, was der sonscht tuat.

Sei Frau dia U´ordnung itt mag

Rennt rom ond nomm da ganza Tag.

Raimt was am reachta Platz itt isch

Vo d´r Gardrob ond au vom Tisch.

Sia ordnet alles sauber ei,

Jed´s an sei Platz, denn so muaß sei.

S´ kennt Bsuach heit komma uverhofft.

Z´môl fehlt d´r was, ma hört´s jô oft,

Dass oine dia ma Jôhre kennt,

Sich Freind ond Freindin seither nennt,

Itt knuschper send bei aller Liebe.

S´ hôißt jô; Gelegenheit macht Diebe.

Ma traut halt koim, sait´s u´verhohla,

Am liabschta bleibet dia mir g´schtohla.

Der Argwohn wär beschtimmt entbehrlich,

Zom Glück. Dia meischte Leit sind ehrlich.

Dr´ Fläschasammler

Au en da Luxus-Wegwerfwelt
Gitt´s oine, dia hônd wenig Geld.
Dia dennt, schtatt uff de Bänk rôm gammla,
Au wenn´s na schwer fallt, Fläscha sammla.

Wenn´s henta itt no vorna rôicht,
Ma wieder was zôm A´zia bräucht,
Was macht mer itt in seiner Not,
S´ g´hört fascht dazua wias täglich Brot.

Au des ischt oft itt garantiert.
Ônd erscht em Winter, wenn ma friert,
Dô bleibscht mit deine Pfandgeld-Kröta
Im Dauerschtress, in Dauernöta.

Wenn´s Geld verdeana nemme gôht,
Ma alt ischt ônd ma Präschta hôt,
Wirscht aussortiert, uff d´Seita g´schtellt,
Bischt hinderlich uff deara Welt.

Ond s´Glück ischt, wia scho Heine g´schrieba,

A Dirn´, dia neana lang ischt blieba.

Doch für d´Paläscht dô hôt se Zeit,

Ischt Schtammgascht bei de reiche Leit.

En Maserati en dr´Schtadt

Der fallt dir uff, dös ischt doch klar
I mecht fascht saga der ischt rar.
En Schlitta, der ôim imponiert
Ônd der ôin in a Traumwelt führt.

Wo kommt der her, frôg i mi bloß
Der fahrt dreihundert auf dr Schtrôß.
Sei Nummraschild, des sait mir no
I bin vo Zürich, itt vo dô.

Wer a paar hunderttausend Kröta
Für´s Auto ausgibt hôt koi Nöta.
I frôg mi aber wia ka´s sei
Dert drieba gitt´s kôi Raserei.

Wer dert mit hundertachz´g verwischt,
Verantwortet sich für sei Mischt.
Der guckt da Knascht vo inna a
Ônd denkt sei ganzes Leaba dra.

Bei ôns dagega dô gilt ôis,
Was selbscht dr Eidgenosse wôiß.
Für freie Bürger freie Bah´.
Des zieagt da schweizer Renn-Freak a.

Dô heana wird uff d´ Tube druckt
Wenn s´Herz au pumpret wia verruckt.
S´ kommt no an Schuß Adrenalin
D´rzua en Tank zôm Rennbenzin.

I frôg mi, wer hôt meh Verschtand?
D´r freie Bürger dô im Land?
S´könnt sei au ônsre Nôchber drieba,
Dia d´Sicherheit uff d´Fahna g´schrieba.

Dr´ Hund ond sei Herr

S´ ischt schee, wenn ma a Hundle hôt
Mit deam ma gern schpaziera gôht.
Des macht ôin glücklich, macht viel Freid,
Ma kommt d´rzua na ônter d´Leit.

Dr Hund der schnüfflet, s´ isch sei Weasa
Des icht für dean wia Zeitungleasa.
Ischt der erscht dussa, des muascht wissa,
Hett der gern uff da Gehweag g´schissa.

Des ischt für Hund ond Herr tabu.
Des wär au peinlich, denn em Nu
Wär ôiner in dean Haufa dappt
Ônd hett sich Herr ônd Hund glei g´schnappt.

Wenn mer denn z´ruck ônd drenna isch,
Verzieagt dr Hund sich untern Tisch.
Er môint, sei Körble wär em z´klei,
Drum gôht er dô glei gar it nei.

Ischt mer so dreimôl dussa g´wea,
Au Nochbers Kläffer hôt mer g´sea,
Nôch isch es Zeit, mer gôht zur Ruah,
Legt sich ins Bett ônd deckt sich zua.

Em Hund, dem fallt nix Bessers ei,

Der will, s´ischt klar, zôm Herrle nei.

Ônd denkt, wenn der mi komma lieaß,

I läg´ ganz ônta na an d´Fieaß.

Ganz früha am Morga gôht´s scho raus.

A Pinkelrunde rund ôm´s Haus.

Glei druff an d´ Frühschtücksschüssel na,

Nôch fangt dr Tag erscht richtig a.

D´ I-Phonerie

Zom Tageslauf g´hört s´ Telefo
Sonscht lauft dr s´ Leaba glatt d´rvo.
Wenn mer s´ itt schtändig bei sich hôt
Fühlt mer sich matt und fascht wia tot.

Mer macht en d´ Ohra Schtöpsel nei.
Nôch hôt ma d´Händ fürs Touchscreen frei.
Ônd d´Auga schtarret wia gebannt
Uff´s I-Phon in der reachta Hand.

Mer sieht koin Mensch meh uff dr Schtroß,
Koi Schtrôßaschild sei´s no so groß.
Mer lauft wia blind durch´s Schtädtle na
Ônd remplat Kend ônd d´ Rentner a.

Mer gucket itt nôch links, nôch reachts.
A G´hör hôt ma jô au a schleachts,
Weil vom Gerät ôim ziemlich laut
Uff ´s Trommelfell an Bass nei haut.

Ischt d´ Musik aus guckt mer no g´schwend,
Ob au scho Whats-App´s komma send.
Denn schreibt mer z´ruck, des ischt doch Pflicht
Môl kurz ônd môl a lange G´schicht.

Ônd plötzlich mitta uff da Schtrôß
Ischt u´verhofft da Deifel los.
A Bremsakreischa, s´gitt a Gschrôi
Ônd Schuld dra bischt du ganz allôi.

S´ wär fascht passiert, was mer itt will
Ônd in d´r Magagruab des G´fühl
Wia taused Hummla, s´wird ôim flau
Ônd schleacht d´rzua na wird´s dir au.

Etzt endlich losst mer d´ Auga offa
Ma wôiß, fascht wär des tödlich g´loffa.
I nutz mei I-Phon mit Verschtand,
Nimms uff der Schtrôß halt itt en d´Hand.

D´Grillparty

Wenn d´Sonna scheint, der Wend gôht lau
Dô will ma in da Garta gau.
Ma zend´ sei Kohlagrill schnell a
S´kennt sei, der Ôbend ziegt sich na.

Ma hôt au d´Grillwürscht scho parat,
Tomata- ônd da Krautsalat.
Au Schteaks ônd Schnitzel dia send dô,
Vier Kaschta Bier jô sowieso.

Vor´s losgôht rueft ma no schnell a
Sei Schwägere mit ihrem Ma.
Willscht´s mit em Nôchber itt vertua,
Denn holscht dean au grad no dazua.

Ônd vo d´r andra Schtrôßaseit´
Rueft´s rôm, wa mached ihr denn heit?
Mir hettet Hônger ônd au Durscht.
Mir bringed selber s´Flôisch ônd d´Wurscht.

Uff eirem Grill wird des beschtimmt,

Mit eirem Grillg´würz, wenn ma ´s nimmt

An ganz besond´ra Gaumaschmaus.

Mir haltets glatt bis zwölfe aus.

Kaum sitzt ma dô leert´s erschta Bier

Hôt d´Würschtla aufg´legt Stucka vier,

Dô fangt der Himmel a zum Grolla.

Dia erschte Tropfa, groß wia Bolla

Dia fallet blubb, uff d´Wurscht mit Soß´

Ônd uff dei kurze Freizeithos´.

Wenn´s denn no in dei Bierglas schpritzt

Au deam, der glei daneaba sitzt,

Denn ka ma´s nemme gmüatlich nenna.

Au d´Weiber fanged a zom renna.

A jede guckt, dass sia verwischt

A Plätzle des no trocka ischt.

Etzt blitzt's ond donnret's ond es schifft.

Blos blöd das des des Grillfescht trifft.

Ônd z'letscht gôt au no d'Grillgluat aus.

Dô flüchtet jeder sich ins Haus,

Denn drenna ka kôi G'witter schada.

Etzt kommt erscht Schtimmung uff em Lada.

Ma singt ônd schunklet s'ischt a Fraid

Ônd denkt an nix als bloß an heit.

Doch bald dônôch hôt's zwölfe g'schlaga

Ônd d'Würscht dia lieget schwer im Maga.

En Kopf send Schnaps ônd s'Bier nei g'schtiega.

I glaub fascht: Morga bleib i liega.

D´r Luftreinhalteplan

Ma hôt ôi Thema fescht im Blick.

S´ gibt bloß no ôis, denn d´ Luft ischt dick.

So ka des nemme länger bleiba

Ma derf´s wia´s ischt itt weiter treiba.

D´ Leit schtreitet ob d´r meischte Dreck

Vom Auto kommt. - Nôch muaß des weg.

Ônd wia em Chor druff d´Krämer schreied,

Dass dô no z´wenig Parkplätz´ seied,

Für all dia Kunda, dia ma braucht.

Weil z´ fuaß sai wirklich jeden schlaucht,

Fahrt ma fascht en d´r Lada nei

Ônd frôgt verleaga: Ka ma rei?

Mir welled bloß a bissle gugga,

Ôns au no in d´r Schdadt rôm drucka.

Sia gent zwôi Schtund, ma hôt jô Zeit,

Bloß nômm ins Parkhaus ischt halt z´weit.

Ma schimpft im Chor d´Luft sei so schleacht

Ônd d´Umweltschützer häbet reacht.

Blos - dätet Anderleit itt fahra,

Noch könnt ma sich des Thema schpara.

Nôch de Eisheilige

S´ ischt Mitte Môi, ma gôht etzt g´schwind

Weil d´Eisheilige grad g´weasa sind

Ins Blumag´schäft, in d´Gärtnerei.

Kauft für Balkon und Simsa ei.

Ma kämpft sich durch a Blüatameer

Dia Auswahl groß, d´ Entscheidung schwer.

Was dô itt alles wachst ond blüeht

´S gitt Pflanza dia ma s´erschtmol sieht.

Soll ma auf d´ Farba sich verschteifa?

Nôch Altbekannte wieder greifa?

Ma schtôht a Schtund entschlusslos rôm.

Em Gärtner wird´s uff oimol z´dômm.

Er frôgt di: Willscht etzt bei mir kaufa,

Oder nômm zom OBI laufa?

Dô fallt dir plötzlich siadig ei,

A Gartag´schirr brauchscht au no nei.

Ond wenn du grad em Baumarkt bischt,

Guggscht, dass du no a Farb verwischt,

Weil d´Haustür wieder g´schtricha g´hert.

Jed´s dritte Jôhr ischt nia verkehrt.

Ma kauft sich no an neia Grill

Für d´Sonntig wo ma grilla will.

D´r alte g´hert scho lang en Schrott,

Weil der scho Jôhrweis g´roschtet hôt.

Dass du zom Blumakaufa g´schickt,

Ischt in da Hintergrund längscht g´rückt.

Dahoim fallt dir als Ausred´ ei:

I ka au ohne Bluma sei.

D´r Reifall

Dô biatet oiner dir persönlich
An Gruscht a ond du merkscht es itt.
Es sei doch erschte Wahl. Et g´wöhnlich.
Drom kauf´s ganz schnell ond nemm´s au mit.

D´r Preis sei an dr ontra Grenza
So billig kriagscht des bloß no heit.
Du kaascht dômit bei Jedem glänza
A Accessoire, des alle freit.

Doch bald danôch dô wird dir klar,
Des G´lump, des hôt sonscht koiner wella.
A Massawar, ond gar itt rar.
Beim Aldi könntescht des au b´schtella,

Ganz sicher scho zum halba Preis.
Ob Muatter, Vatter oder Greis
Wia di hôt der scho me a´gloga,
Drom ischt der au glei weiter zoga.

Ob fiese Tricks, ob Lischt, ob Schläue
´S treibt alle om uff dera Welt.
Dia Frôg schtellt sich all Tag uffs Neue:
Wia komm i denn bloß an dei´ Geld.

En Uwes Garasch

Vor lauter Kruscht ônd Krempel kasch´

Itt nei en Uwe sei Garasch.

Schtôscht du erwartungsvoll am Tor,

Denn schtellscht d´r drenn´ a Auto vor.

Beim erschta Blick haut´s di fascht ôm,

Dô schtôht an ganza Hausrôt rôm.

Sei ´s Omas Lampa mit ma Schirm.

Am Schirm dô naget doch scho d´Wirm.

Ond selbscht an Bettroscht mit Matraz´,

Auf dera schlôft bei Dag sei Katz.

Derneaba glei an alta Grill,

Auf dem koi Mensch meh grilla will.

An morscha Nachttisch, a Komod

Vom Opa, der ischt au scho tot.

Ond neabadra an Ohrasessel,

A Nähmaschie´, an Eimachkessel.

An Oimer Wandfarb nemme frisch,
Weil se scho fascht vertrocknet isch.
Da Gartaschlauch hangt an d´r Wand,
Drei Roifa ônd so allerhand.

Bloß a kloins Gängle hôt er g´lassa
Zua seim Regal, dô schtandet Tassa,
A Kaffeemühle ônd a Wanna,
Aus früh´rer Zeit a Messingpfanna.

Ma find´ det Schrauba, Muattra, Splint,
Dia no vom Umbau iebrig sind.
Vom Maurerg´schirr bis U´fallschuha
Ond au a Lôiter g´hert derzua.

Er schtellt sei Auto nômm uff d´Schtroß.
D´r Aufwand sei halt itt so groß,
Als wenn er dia verschied´ne Sacha
Verschenka dät, s´ wär´ jô zôm Lacha.

S´ brächt au koi Geld meh, woiß er no.

Er sei drôm dankbar ônd au froh,

Dass ihm des Sach vo früher blieba

Ond s´Auto lôsst er gern dô drieba.

Von de Diäta

Weil ma grazil ônd schee sei wett,

Am liabschta alle g´falla dät,

Drom treibt ôim ôin Gedanka ôm,

A Schlankheitskur wär gar itt dômm.

Des brächt zom Schmelza a paar Pfund.

Ma wär denn nemme gar so rund.

Ma dät itt bloß sich selber g´falla

Ônd mieaßt kôin Gürtel enger schnalla.

Du guggscht en jede Zeitschrift nei

Dô werbet se Dag aus Dag ei

Für Pilla, Shakes ônd andre Sacha,

Für Zuigs, des soll ôin dünner macha.

Doch dünn, ziegt ma sei Resümee,

Bleibt dô ganz g´wies dei Portemonnaie.

D´rvo ganz abg´seha, s´ischt itt g´sund.

Bleib wia du bischt - a bissle rund.

Was wohl en Volksvertreter dät
Wenn der koine Diäta hett?
Er müaßt vielleicht wia Andre schaffa.
Des dät em nix. S´macht koin zôm Affa

Ônd d´Schtaatskass wär d´rbei no g´schont.
Für d´ Schteuerzahler hätt sich´s g´lohnt.
Doch wer macht nôchher Politik?
Ischt´s d´Pechmarie, d´r Hans em Glück?

Warum des grad Diäta hôißt
Ischt mir oftmôls em Kopf rôm g´krôist.
Beim Bürger sait ma Hungerloh´
Hettsch ebbes g´lernt. Des hôscht dervo.

Wia ma´s au dreht ônd wenda will,
Deam isch es z´wenig, ôns ischt´s z´viel.
Der macht a G´setz, des denn beschtimmt,
Wieviel er aus d´r Kassa nimmt.

D´r schparsame Schwôb

Bloß wer an reachta Schwôba kennt
Wôiß, s´Schpara ischt sei Element.
Bei deam dô ka fascht nix verkomma
Ônd s´Billigschte wird au bloß g´nômma.

Z´erscht frôgt er nôch d´r Qualität
Ônd was des ihn denn koschta dät.
Meischt ischt em´s z´teuer ônd sait glatt
Wiaviel gitts dô druff denn Rabatt?

Bloß rare fünfazwanz´g Prozent?
Dia kriagt er scho beim Konkurent.
Für ihn dô miaßtet´s dreiß´g scho sei,
Denn ging er uff dean Handel ei.

Er hôt ôi ôinz´ge Sonntigshos
Ônd ôi paar Sonntigsschuha au bloß.
Am Werktig, s´ ischt em gar itt z´dômm
Dô lauft der bloß em Blauma´ rôm.

Kommt s´rote Kreuz amôl zom Sammla
Am lieabschta dät er d´Tür verrammla.
Doch hebet se eam d´Sammelbüchs´
Vor d´Nasa, sait der: „I geb nix."

I hôn mei Leabdag no nix brocha,
Kôin Fuaß ônd au koin andra Knocha.
Wozua nôch bräuchtet ihr mei Geld?
I bin itt krank, hôn eich itt b´schtellt.

Sei ganza Schtolz schtôht vor em Haus
Mit deam fahrt ma blos sonntigs aus.
Am Werktig ischt mer jô beim Schaffa.
Dô solled d´Nôchber ruhig gaffa,

Daß ma sich so an Waga gönnt
Ônd, dass ma zua dem Waga könnt
Sich no ganz andre Sacha leischta.
D´r Neid vo dert freit ôin am meischta.

Alltag en d´r Vorschtadt

S´ischt ohne Takt ônd laut ônd schtört
An Sommer lang bloß s´gleich Konzert.
Scho früah am Morga fangt des a,
Dass kôiner länger schlôfa ka.

Môl schneidet der ganz drieba Hecka
Ond moint, er mieaßt da Letscht no wecka.
D´r Ander gitt denn au scho Gas
Am Rasamäher ond mäht Gras.

S´bleibt gar itt lang bei deam Duett
Dô fallt´s am Nächschta ei, er hett
Scho lang sei G´länder schtreicha solla
Ond muaß etzt z´erscht vom Keller hola

Sei Oihandflex, dia mit Gebrüll
D´r alta Farb an Kraga will.
Sei Nôchber hôt dia gleich Idee,
Sei Gartazau´ sei nemme schee.

Macht mit ra Krôissäg´au scho G´schrôi

Des ischt em aber ôinerlôi,

Wenn denn d´r Betonmischer mischt

Ond´s grad wia uff ra Bauschtell ischt.

Etz ischt d´r Erscht vom Schaffa komma.

Au der hôt glei sei Mäher g´nômma.

Sia drudlet nôchanander ei

Ond jeder ischt au glei d´rbei.

Etzt gôht´s ans Mäha, Hämmra, Schneida

Ond wer sei Ruah will muaß des leida,

Was dia mit ihre Kärra dent,

Wenn Anderleit scho schlôfa went.

Erscht nôch de zehne gitt´s a Ruah

Dô kennet se au nix me dua,

Denn d´Nacht bricht rei vo dô nôch dert.

Ond morga gitt´s a neis Konzert.

Au d´Schwoba send Biertrinker

Vo Schtuagert, Ulm bis an d´r See

D´r Moscht ischt heit scho fascht passé.

Denn bloß an saura Apfelsaft

Ischt nemme in ond gitt koi Kraft.

Wer G´mieatlichkeit ond Frohsinn kennt,

Des d´Schwôba en sich drenna hent,

Bloß der verschtôht´s ond hôt´s em G´schpür,

An jeden Schtammtisch g´hert a Bier.

Om Schtuagert rom ond weiter na,

Was ma au guat verschtanda ka,

Ischt Trollinger em Angebot

Ond´s Bier, des trinkt ma dert zur Not.

Dass Bier bekömmlich nemme sei

Ischt für da Schwob an Bluff ond nei.

Mir lasset des vo eich itt saga,

Denn s´Bier schlagt g´wies itt uff d´r Maga.

Was wär a Veschper ohne Bier.

Am Feierobend hettet mir

A Viertele vielleicht zur Not.

An sonschten wär d´r Obend tot.

Mir trinked gern dean Gerschtasaft,

Der onsrem G´müat an Ausgleich schafft.

A Hoch auf jede Brauerei.

Nimm´s Glas en d´ Hand ond bleib d´rbei.

D´ Feschtzeltzeit

Etz ischt dia Zeit wo jedes Örtle
Ônd jede Schtadt sei Feschtle hôt.
Wo sônntigs bloß ôi ôinzigs Wörtle
De Leit no über d´ Lippa gôht.

Mir feired, saged se ônd lached,
A Musigfescht, komm feira mit.
Ônd gugg ôns zua, wia mir des mached
Des reißt di, ob du´s witt, ob itt.

Wenn denn ens fascht voll Feschtzelt gôscht
Ônd b´schtellscht a Bier dir oder zwôi,
Di vo d´r Musig fanga lôscht,
Dô g´fallt´s d´r glei, mechscht nemme hôi.

A paar môl saischt, bring no a Bier,
Derzua na glei an ganza Haxa.
Noch zwôi, drei Märsch dô dämmrets dir
Dei Kopf macht etz so langsam Faxa.

Am zwölfe z´nacht ischt d´ Musig rôm

Dernôch verzieaget sich au d´Leit.

D´r Wirt, der lôinet d´ Bierbänk ôm

Ônd nemmt für sich a wengle Zeit.

Im Freibad

S ischt Sommer ond du gôhscht zom Bada.

Packt s´Badsach ei, schlieaßt zua dei Lada.

Au weil du no itt braun g´nuag bischt

Ond z´wenig Sonna hôscht verwischt,

Drom willscht halt oft em Schtrandbad sei

Ond fühlscht di wohl als Nackedei.

Du schpringscht vom Dreier nei in See

Ond schwimmscht zwoi Runda oder meh.

Nôch gôhscht du raus, liegscht nei en d´ Hitz.

Mer könnt fascht glauba s´ischt en Witz,

Dass du di oifach brôta lôscht

Ond dô liegscht wia a Henn vom Roscht.

So nôch ra halba Schtund o´gfähr

Dei Sonnacrem ischt fascht scho leer,

Verzieagscht di en da Schatta nei

Ond schmierscht di mit em Rescht no ei.

Denn holscht am Kiosk Bier ond Eis
Zur Man-Schow schtartescht uff a neis.
Du machscht was alle Manna oiga,
De Scheene muascht dei Bizeps zoiga.

Da Bauch den ziagt mer solang ei.
Noch zwoi, drei Schnaufer bischt vorbei.
Denn kenned se di no vo hinta
Beschtauna ond reacht sexy finda.

Dei Resümee, s´ischt grad zom Flenna,
Dia gaggeret dir noch wia d´ Henna
Ond grinset di bloß hämisch a.
Derhoim dô häbed sia an Ma,

Der sei mit dir itt zom vergleicha.
Dô miaßtescht glei dai Segel schtreicha.
Gib itt so a ond schwimm di fitt,
Wenn du di itt blamiera witt.

Sotte ond Sotte

S´ gitt Sotte sait mer ond s´ gitt Sotte.

Meh´ Sotte aber werret´s sei.

S´ gitt Sotte mit ra Bier-Marotte

Ond Sotte, dia send gern beim Wei´.

S´gitt Sotte dia ganz gern verroised

In fremde Länder ond ans Meer.

Ond Sotte, dia derhoim rom kroised.

Dô ischt am Fünfta s´Konto leer.

S´gitt Sotte, dia ens Wasser schpringed

Egal wia tief ond kalt des ischt.

Au Sotte, dia blos mit sich ringed

Ond wissed itt gôt´s hott, gôht´s wischt.

S´gitt Sotte dia total verweaga,

Scho wenn se nôh am Abgrond send.

Ond Sotte, dia denn ganz verleaga

D´r Schwanz eizieged ond da Grend.

S´ gitt Sotte dia koi Mitleid kenned,
Gôht´s Anderleit em Leaba schleacht.
Au Sotte, die sich d´Fiaß raus renned
Send dô wenn´s brennt ond mached´s reacht.

Ob Ma, ob Weib, ob groß, ob klei
Au Sotte könned Sotte sei.
In jedem Menscha schlummred des
A bissle guat, a bissle bös.

D´r Hausma

Am früha Morga fangt´s scho a
Weil ma au nemme schlôfa ka,
Dass ma wia wild em Haus rom rennt,
Wo jeder andere Ma no pennt.

Holt, Brezla, Weckla glei für zwoi,
Denn s´Weib, dia ischt jô au dahoi.
Ond bis d´r Kaffee fertig isch,
Do richted mer da Frühschtückstisch.

Dernôch, wenn sia zom Schaffa gôht
Ond s´Kaffeeg´schirr bloß schtanda lôht,
Wird g´schpüelt ond putzed ohne g´lacht
Ond Better werred au glei g´macht.

D´r Biomüll en d´Tonna g´leert,
Da Hausgang ond au d´Treppa kehrt.
Als Hausma wird oim gar nix g´schenkt,
Ma hôt en Korb voll Wäsch´ aufg´hängt.

Ischt Flaschner, wenn der Hahna tropft
Ond wenn d´r Ablauf môl verschtopft.
Elektriker, wenn´s Licht itt brennt
Ond Fenschterputzer au môl g´schwend.

Ma schtoht am Herd zur Mittagszeit,
Weil´s Kocha oin wias Essa freit.
S´ gitt Sauerkraut mit Leberwurscht,
Derzua a Bier, mer hôt jô Durscht.

Am Ôbend ischt ma ganz k.o
Ond ab de sechse schließlich froh,
Dass wenn im Eck d´r Fernseh´ lauft
Mer s´erschte Môl am Dag verschnauft.

Ôm siebene kommt s´Weib denn hoi.
Frogt: Hôsch au bügled? Du sagscht: Noi,
Weil d´ Wäsch no gar itt trocka isch.
Etzt hockscht di na, schlôfscht ei am Tisch.

Vo friar

Woischt, friar dô wared d´Zeita besser
Ond z´friedener gwea ischt mer au.
Koi Fischschterba en de Gewässer.
D´r Himmel no krischtallklar blau.

Bloß Sonntigs hôt´s en Brôta geaba
Am Werfdig öfters a schwa´z Muas.
Mer hôt koi Geld g´het zom guat leaba
Wia d´Obrigkeit uff großem Fuaß.

D´ Reschpektspersona send d´r Lehrer,
D´r Pfarrer ond d´r Schultes g´wea.
Dass es d´r Bauraschtand viel schwerer,
Des hôt vo deane koiner g´sea.

Mer hôt bloß an de Feschtdäg kenna
En d´guat Schtub nei, des war scho gnua.
S´ischt gwea als gäng´s em Himmel drenna
Grad wia en onsra Schtuba zua.

Mer hôt am Samschtigobend badet
Ob´s nötig gweasa oder itt.
Des hôt au wirklich koinem g´schadet
Mer hôt wia nei sich g´fühlt ond fit.

S´hôt dômôls no koi Handy geaba.
Vom Internet koin Klingelto´.
Mer hôt ganz ohne kenna leaba,
Im Ort koi oinzigsTelefo´.

Mer hôt was hie g´wea selber g´flickt
Ond ischt itt glei en Lada g´laufa.
Mer war erfinderisch ond g´schickt,
Hôt au koi Geld g´het nui zom kaufa.

Mer hôt sich scho an Kleinigkeita
So g´freit, grad wia en kloina Bua.
Drom denk i gern no an dia Zeita
Ond au ans Laufa ohne Schua.

Im SNM und LiMo in Marbach

Des ischt a Welt g´schteckt voll mit Wissa
Ond Poesie glei mit derbei.
Mir däted Schiller arg vermissa,
Der g´hört ins Neckerschtädtle nei.

Drôm send mer na nôch Marbach g´fahra
En Schillers Haus beim Niklastor.
En Lichtschtrahl fallt, en sonnaklara,
Auf Friedrichs erschte Kinderjôhr.

Beim Gang durch alt-vertraimte Gassa,
Bei jedem Schritt ond jedem Tritt
Hôt mer a G´fühl er könnt´s itt lassa,
Gäng grad vorna durchs Schtädtle mit.

Bis nauf, wo schtolz sei Denkmôl schtôht
Ka mer sei Atem heit no schpüra.
Ond könnt, well a lau´s Lüftle gôht,
Sich en sei große Zeit verliera.

Was vor zwoihundert Johr mol g´schrieba
Ischt em Archiv fescht hinterlegt.
D´r Nôchwelt g´schenkt, am Necker blieba
Ond doch dia ganz groß Welt bewegt.